Ursula Eisenberg • Wo Menschen wohnen

Ursula Eisenberg

Wo Menschen wohnen

GEDICHTE

Edition AVRA

Ursula Eisenberg wurde 1945 im mecklenburgischen Spornitz als viertes von sieben Kindern geboren. Die Schulzeit verbrachte sie in Kassel, bevor sie 1965 nach Berlin ging, wo sie Schulmusik und Germanistik studierte und die Achtundsechziger-Bewegung hautnah miterlebte. Nach ersten Praxisjahren an Berliner Schulen lehrte sie von 1975 bis 2010 am Pestalozzi-Fröbel-Haus, der Fachschule für Erzieherinnen und Erzieher. Die Mutter einer erwachsenen Tochter kann bereits auf verschiedene belletristische Veröffentlichungen verweisen. Seit ihrer Pensionierung widmet sie sich verstärkt dem Schreiben und pendelt zwischen Berlin und dem Wendland.

Bibliografische Information der Deutschen Nationalbibliothek
Die Deutsche Nationalbibliothek verzeichnet diese Publikation in der Deutschen Nationalbibliografie; detaillierte bibliografische Daten sind im Internet über http://dnb.d-nb.de abrufbar.

Rheinstraße 46, 12161 Berlin
Telefon: 0 30 / 76 69 99-0
www.frieling.de

ISBN (Print): 978-3-8280-3561-4
ISBN (E-Book): 978-3-8280-3562-1
1. Auflage 2020
Umschlaggestaltung: Maximilian Günther
Bildquelle: pixabay

Printed in Germany

INHALT

Zwischen Menschen

NACHT-SONETT FÜR MEIN KIND

Vor Deinen Träumen kann ich Dich nicht schützen.
Ich hör Dein Schreien, aber ich bin blind.
Ich seh´ nicht, wer die Ungeheuer sind,
die als Vehikel Deinen Schlaf benützen.

Vor dem, was kommt, kann ich Dich nicht
bewahren.
Du hast den Traum besiegt und atmest still,
grad, wenn die Wirklichkeit mich quälen will
mit Kriegen, Waffen, Giften und Gefahren

Ich kann nur da sein und Dich nicht belügen,
gemeinsam unser beider Schlaf bewachen,
Dir zeigen, was mich weinen macht und lachen,

so gut es geht, noch Neues von Dir lernen,
Dich einst nicht hindern, willst Du Dich
entfernen…
und eben denke ich: Das muss genügen.

WARTEN

Warten
auf Schritte im Garten
...ist viel zu spät,
Du bist wieder aus.
Wann kommst Du nach Haus?
Du hast Pubertät.
Warten,
und dabei raten:
Mit wem bist Du wo?
Das wären so
Mutter-Fragen,
die nagen.
Antwort ist Schweigen
und Vogel zeigen –
Du warst so beredt
vor der Pubertät...
Hast wieder vergessen,
etwas zu essen.
Beine und Waden
sind dünn wie ein Faden,
und ich höre: „Seht!
Die hat Pubertät!"
Tägliches Starten,
und weiter warten,
bis sie dann
irgendwann
endlich vorübergeht –
die Pubertät

TRÄUME

In Träumen fließt die längst verflossne Zeit,
nichts ist vergangen und erst recht nicht tot.
So wild und bunt kommt die Vergangenheit
als Überraschungs-Sonderangebot,
erneut zu hören, sehen, zu be-greifen.
Ein jeder Traum ist neue Gegenwart,
mit Freude, Angst und Schmerz gemischter Start:
Da ist die Kinderhand mit weißer Maus,
ich höre unsern Wellensittich pfeifen
und unsre längst verstorbne Katz´ miaut…
…und immer wieder etwas, was mich graut:
Wo ist mein Kind? Es heult der Wind im Haus –
und fällt nicht grad´ die Zimmerdecke ein?
Ich suche Trost bei Deiner warmen Haut,
das Telefon im Nebenraum wird laut…
…die Träume nur gehören mir allein.

VERGLEICHE

Du bist gut
und ich bin gut.
Weißt Du auch,
wie gut
das tut?
Du jedoch
bist etwas besser.
Besser noch:
Dein Taschenmesser.
Sollte jemand uns mal testen,
dieses Messer wär´ am besten.

DU

Du bist für mich Luft.
Ohne Dich wäre die Welt eine Gruft.
Keine Wärme, Sicherheit, Hoff-
nung, nicht einmal Sauerstoff.
Du gibst mir mehr Geborgenheit als Enge,
wir teilen uns die Bilder und die Klänge,
das Innen/Außen, Körper, Haut, Gefühle,
und manchmal reparierst Du meine Stühle.
Du bringst mir Leben jenseits meiner Grenzen
und lässt es zu, dass ich auch Dich ergänze.
Wir sind die Richt-Antennen unserer Reden,
und gibt es eine Störung dann und wann,
so springen wir doch immer wieder an.
Wir halten uns an unsichtbaren Fäden.
Du bist für mich die Welten-Atmosphäre,
und wenn ich ohne Atmosphäre wäre,
ich würd´ verhungern, frieren und ersticken
und einsam auf die leere Erde knicken.

ORDNUNG

Ordnung heißt: Jedem Ding seinen Ort.
Der Bleistift neben die Vase,
der Klebstoff unter das Buch – und dort
liegt auch der Schoko-Hase.
Du weißt: Du kannst Dich darauf verlassen,
Du brauchst nur einmal hin zufassen
und hast das gesuchte Ding im Griff.
Es ist ein Ordnungs-System mit Pfiff…
…dies jedoch interessiert mich kaum,
für mich ist Ordnung ein freier Raum,
ich muss nicht lange überlegen
um Deine Ordnung wegzufegen.
Von alledem die Folge ist,
dass Ordnung Ordnung täglich frisst.

LEERE RUNDE

Ein Jedes ist in sich perfekt:
So klar, so glatt, so gut bedeckt,
und – richtig zugeschraubt – enthält
es eine fest verschloss´ne Welt,
ganz klein. Noch kleiner. Winzig klein,
doch in der Regel klinisch rein:
Da wären – etwa –manche Pasten,
Diät-geeignet und zum Fasten.
Sind solche Pasten ausgeleert,
hat sich schon wieder was vermehrt,
und die Vermehrung geht noch schneller
in dieser Kiste dort im Keller.
Sie ist von Wänden hoch umrandet.
Die Wände, die sind über brandet
von wasserklarem Gläser-Glittern,
vom Fallen, Rollen, Poltern, Splittern.
„Was soll das?“ unterbricht mich Einer:
„Wozu gibt es denn Glascontainer?“
Doch unsre Gläser wollen Marmelade.

Nur – viele Menschen essen keine. Schade!
...und überhaupt,
wenn jemand glaubt,
die nächsten Sommer-Monate, die wären
gefüllt mit Kirschen, Blau-und Stachelbeeren,
der übersieht wohl diese
uns allen zu bekannte Klima-Krise.
Doch – falls es Früchte gibt – auf jeden Fall
warten die Gläser hier in großer Zahl,
wenn sie gefüllt...wer soll das alles essen?
Ein solches Thema können wir vergessen...
Und wer dies alles liest, fragt sicherlich:
„Für solch ein Thema solch ein Lang-Gedicht?“)

NICHT ANDERS!

Ich streiche Decken, Kissen glatt,
hab´ alles Rest-Gemüse satt,
ich räume, was herum liegt, fort
zum – denk´ ich – angestammten Ort…
Ich tue es. Ich kann es.
So – und nicht anders!
Schon legst Du wieder etwas hin,
das hat für Dich `nen tiefen Sinn.
Ob dieser Sinn sich mir erschließt,
weil unser Sinn verschieden ist?
Du sammelst, was Du fandest.
So – und nicht anders!
„So – und nicht anders"
prallen aufeinander,
sind Ergebnis vieler Jahre,
doch – das ist das Wunderbare:
Wir in diesem kleinen Haus
halten´s miteinander aus,
und es soll in diesem Leben
sich nichts anderes ergeben…

TAGES-BILANZ EINER MIT-SIEBZIGERIN

Na klar,
wie wunderbar:
Wir lieben uns schon zwanzig Jahr
nach langen Männer-freien Zeiten.
Ich durfte nur mein Kind begleiten
als Mutter nah. Der Vater: Fern.
Ich denke an die Jahre gern,
denn die Epoche war `ne tolle,
jenseits von Frauen- Männer- Rolle…
Nun aber heißt´ s schon lange: „Wir“,
fast zwei Jahrzehnte jetzt und hier,
und es ist schön, dass wir uns lieben.
Doch Manches hab´ ich abgeschrieben:
Ich sehe mehr gelassen nun,
was Frauen und was Männer tun –
zum Beispiel mag ich ausgesprochen
mit Leidenschaft und täglich kochen.
Ich zaubere das denkbar Beste
durch Sonder-Angebote, Reste,
die Du, begeistert, unbedacht
im Übermaß ins Haus gebracht.
Ich räume Zettel, Säge, Tassen,
was Du mal hier, mal da gelassen
geduldig, freundlich wieder fort
zum jeweils zugeteilten Ort.
Ich mache täglich unser Bett…
Und -
das ist besonders nett :
Du machst das Bett für ´n Hund.

MACHT

Was ist da zu machen?
Die Macht der Sachen.
Es soll ja eingestanden sein:
Sachen wachsen nicht von allein,
doch, wenn sie da sind, brauchen sie Raum.
Ob sie davon etwas abgeben? Kaum!
Willst Du erreichen, dass sie etwas weichen,
musst Du sie drücken, beiseite rücken –
nur – dass ich nicht lache:
Längst liegen dort ja schon andere Sachen!
Die Tasse, das Kissen, der Hammer, der Schuh –
größer und größer wird das Gedränge,
alle Wege: Enger und länger…
Dazwischen: Du.

TICKS

Nein – da kenne ich nix -
ich stehe zu meinen Ticks:
Suchen nach Rot in lange schon leeren
Büschen nach letzten Johannisbeeren,
Namen zu zählen, um schlafen zu können,
mir die absurdesten Reime zu gönnen,
morgens vor einem Zettel zu sitzen –
Stift in der Hand – das Kinn aufzustützen,
gerne die komische Seite zu finden
und diese rücksichtslos zu verkünden,
mittels Früchten und Hühnerknochen
Reste-Marmelade zu kochen
und – dies alles ist bunter Mix
mit Hund „Rudis" und Deinen Ticks…
Stehen wir dazu, bleiben wir stur:
Ticks geben unseren Leben Struktur,
können uns einzigartig machen,
sind ein Anlass zum Lieben und Lachen
und sollten immer erhalten bleiben,
etwa: Unnütze Texte schreiben,
oder: Suchen, finden und sammeln
was zu retten ist vor dem Vergammeln…

JAMMERN

Jammern
ist schön!
Jedes Gestöhn
klammert,
verbindet,
ist wie ein Ruf
Jammern
macht Luft,
verkündet:
„Hör e i n m a l zu!
Ich oder du –
wem geht es schlechter?“
Jammern
macht das Schicksal gerechter,
macht Menschen weiser,
gibt Hoffnungsschimmer:
Schlimmer
geht immer.
Jammern
wir leiser

BILANZ

Komm, wir verleihn uns den
den Zanziger-Orden.
Unsere Liebe
ist mündig geworden.
Viele
der guten
und schlechteren Seiten,
die uns seit vielen
Jahren begleiten
lassen mich
mit Sicherheit wissen:
Nichts davon
möchte ich jemals
vermissen.

VOM MISSVERSTÄNDNIS

Das Missverständnis liegt im Mist,
weil es so missverständlich ist.
Was andere verständlich fanden,
hat eine Miss meist missverstanden.
Was sie zum Beispiel missverstand,
war eine ausgestreckte Hand.
Sie missverstand, die würde schlagen,
die Hand dagegen wollte tragen.
Es schrie die Miss und flippte aus.
Sie warf das Missverständnis raus,
es musste auf das Mistbeet purzeln…
…da liegt es nun und schlägt schon Wurzeln,
kann sich in aller Ruhe erden,
vom Miss- zum Mistverständnis werden
und möchte gerne bleiben,
will viele Blüten treiben,
damit das Leben weitergeht,
auch – wenn wer manches missversteht…
Ich hoffe sehr, es tut es.
Vielleicht wird´s ja was Gutes.

EIN ANSCHLAG

  Damit dies endlich bekannt ist:
Wenn jemand nicht tolerant ist,
kann sie/er etwas erleben…
  hat es doch längst schon gegeben:
Die Toleranten und Intoleranten –
dass sie alle gemeinsam verbrannten…

LETZE ANSPRACHE AN...

...hätte es längst begreifen müssen:
Du willst von mir nichts mehr wissen.
Deine dumpfen, wortlosen Launen,
die von Ärger und Überdruss raunen,
hatte ich geduldig ertragen,
als nur kleine Unpässlichkeiten,
ohne nach deren Gründen zu fragen.
Doch – sie begannen sich auszubreiten,
und dahinter verschwandest Du.
„WUMM!“
schlug unsere Türe zu.
Bist Du nur böse und ungerecht,
oder geht es Dir gerade schlecht?
Das „WARUM?“
fragt vergebens,
wie viele Fragen des Lebens,
die unbegreiflich sind, nie zu erfassen.
Könnte ich Dich wenigstens hassen...

KOMMUNIKATION

Ich seh´ es Dir an:
Hab´ etwas getan –
ich wüsste nicht, dass…,
jedoch: Irgendwas.
Ich wag´ nicht zu fragen,
Du wirst auch nichts sagen,
es reicht, dass Du´s zeigst
und schweigst.
Du wendest Dich weg,
als wäre ich Dreck.
Ich seh´ Dir nach,
frage mich: „Ach!
Was ich auch getan,
kannst Du nicht dann
in einem späteren Leben
mir mal vergeben?“
Dein Schweigen bläht sich erheblich
und lässt mich wissen: „Vergeblich!“

SPÄTES DUELL

Ich sage doch: Es tut mir leid.
Das war nicht ich, das war die Zeit.
Ob ich, ob der, ob meine Ex –
wir hatten einfach ständig Sex
mit Frauen, Männern, wem auch immer
auf Wiese, Moos, im Bad, im Zimmer…
Vielleicht hat Mann sich mal vergriffen –
doch jedes Mal den Ausweis prüfen –
ich bitte Dich, wo führt das hin?
Das kam doch niemand in den Sinn…
…Du fragst mich schon `ne Weile aus –
ich frag: Worauf willst Du hinaus?
Was faselst Du da von Gericht
und Rechts-Beistand? Ich glaub´ es nicht!
Ich kann dazu nur eines sagen:
Ich scheu mich nicht, zurück zu schlagen.

ABSCHIED

Ich hab´ die Schnauze voll von Dich,
Du schlägst mir auf den Magen.
Warum – das sage ich Dir nich,
da musst Du eben fragen.
Ich hab´ die Schnauze voll von hier
und allen, die hier leben.
Ich haue ab und sage mir:
„Es muss was Neues geben."
Ich hab´ die Schnauze voll von Euch,
vom Scheitel bis zum Mieder.
Nur: Freut Euch nicht. Ich sage gleich:
„Ich komme immer wieder."

FREIE WAHL

Es ist schon gut,
was sich eben so tut:
Warum in Vereinen vereint sein?
Es könnte dort Jeder mein Feind sein,
mir irgendwie schaden
mit Atemluft-Schwaden,
Gedanken im Kopf – ganz andre als ich
und jeder ein Stich:
„So seh´ ich das nich…“
Dieses: „Du weißt genau, was ich meine…“
und diese Angst, irgendwas zu berühren,
ich kann sie kilometerweit spüren.
…bleibe ich freiwillig gerne alleine…

VER-WITZT

Auch sowas kommt vor:
Es stirbt der Humor.
Ich will´s nicht verhehlen,
Radio-Sprecher befehlen:
Wir soll´n „auf Geschichten
verzichten."
Stattdessen zermahlen
sie Hirne mit Zahlen.
Dies passt ohne Frage
zum Ernst der Lage.
Denn oft sind ja Witze
so zündend wie Blitze.
Gemeinsames Lachen
Kann Böses entfachen.
Ein Ausstoß von Luft –
und: Ab in die Gruft

AUFRUF

Gönnen wir uns ein fröhliches Pfeifen,
lasst uns die Schönheit der Krise begreifen:
Die Luft ist sauber, die Straßen sind still,
was doch so mancher der Menschen will.
Heimelig werden die heimischen Wände,
vielfältiger Gebrauch unsrer Hände,
und in den Köpfen flackert ein Licht:
„Das konnte ich doch gestern noch nicht!"
„NICHTS" gibt dem Leben eine Balance –
nehmen wir Defizite als Chance

Neben Menschen

FOTOS

Da sieht die Großmutter mich an –
schon vierzig Jahre tot.
Obwohl ich´s nicht erkennen kann,
weiß ich: Ihr Kleid ist rot.
Da liegt das neugeborne Kind
so rosig-nackt, wie Viele sind
auf einer flauschig-blauen Decke,
ein Kuschel-Tiger in der Ecke.
Ich streichle einmal sacht nach unten-
und Baby, Tiger sind verschwunden,
während die Oma weiter guckt,
ihr blasses Bild nicht einmal zuckt.
Digi-Fotos sind wie Schnee,
rieseln, schmelzen wie die Flocken.
Vor der Oma, die ich seh´,
bleib´ ich immer wieder hocken.

SCHWER-KRAFT

  Der Brief-Beschwerer in der Ecke
wartet, dass ihn wer entdecke,
damit er was beschweren kann.
  Wo ist der alte Mann,
der immer Briefe geschrieben,
in denen er sich beschwert –
Lieblingswort: „Unerhört!“ ?
Hörte er zu schreiben auf,
kam die alte Männerhand,
tat den Brief-Beschwerer drauf,
um den schweren Gegenstand
später wieder wegzuschieben,
...schickte täglich Briefe raus.
  Gegenbriefe blieben aus.
Rechnungsbriefe, die verhassten,
sind geschlossen in `nem Kasten
nach Sekunden
gleich verschwunden...
  Wo ist nur der Mann geblieben?
  Der Brief-Beschwerer - verstaubt,
liegt in der Ecke und glaubt:
„ Gleich wird mich die Hand ergreifen,
wird das Flockengrau abstreifen,
dann – weil wir zusammen gehören,
werden wir uns zusammen beschweren...“

HEUTE

Im Digi-Tal
ist dies normal:
Leute, die in ihre Smartphones gucken,
ab und zu mit dem Finger zucken,
einsame Menschen, die aufgeregt reden
durch weltumspannend verborgene Fäden,
Autos, die selbständig fahren und halten,
Kühlfächer, die sich von selber anschalten,
und so weiter, weiter und weiter…
Was gibt es da zu meckern? Sei heiter!
Durch Dein Gejammer beweist Du halt:
Du bist eben alt.

Er –GÖTZ-liches

Woran Andere sich ergötzen,
erfüllt mich eher mit Entsetzen:
Dieses Vernetzte, weltweit Gelenkte,
dieses zu graden Körpern Verrenkte,
all diese Displays, leuchtend und klar,
wer sie betrachtet, ist nicht mehr da…
All dies scheint sich von mir zu entfernen.
Muss das so sein? Ich könnte doch lernen!
…hör meine innere Stimme raunen:
„Wozu Entsetzen? Kannst du nicht staunen?“
Also staune ich vor mich hin,
bis ich so richtig fröhlich bin,
rede mir ein: „Das schaffe ich jetzt,
habe mich wie die Andern er-GÖTZ-t.“

VERGEBEN(s)

Unsre erträgliche Zeit
ist durchdrungen von Netzen
starker Vergeblichkeit.
Sinnlos – die zu verletzen.
Es ist gestattet, zu fragen,
was diese Netze so tragen,
es gelingt auch, zu gaukeln,
dass die Netze uns schaukeln.
Es ist hin und wieder mal drin,
fest an einem der Fäden zu ziehen …
Illusion eines Bebens,
doch in Wahrheit: Vergebens.
Übrig bleibt, uns selbst zu vergeben,
täglich zehn Mal: „So ist das eben…“

VOM MOMENT

„Einen Moment“ säuselt die elektronische
Stimme.
Kein Problem! Momente habe ich immer.
Nicht, dass es früher so gewesen wäre,
nun aber sind wir beide Zeit-Millionäre,
warum sollte ich dann nicht ein bisschen warten
um nebenbei ein Zahlenrätsel zu raten?
In mein linkes Ohr tönt dazu Musik,
immer wieder das gleiche wabernde Stück,
ein beruhigend weiches rhythmisches Klingen,
wäre schon in der Lage, es mitzusingen.
Nun bricht es ab. Wie schön! Ich hole tief Luft,
doch die bekannte Stimme von eben ruft
das, was jede, jeder schon lange kennt:
„Einen Moment!“
Also: Weiter mit dem Raten von Zahlen,
doch mein Stift beginnt von alleine zu malen:
Einen offenen Mund, eine Sprechblase dran…
Pause: „Rufen Sie später noch einmal an!“

BODEN-.KARRIERE

  Da rollt die Plastikflasche, ungenutzt,
schon oben eingerissen und verschmutzt…
  Sie hat zu andern Zeiten viel gegolten.
Sie stand für Sauberkeit und für Hygiene,
sie war die Leichte, Praktische und Nette –
ich bin so fair, dass ich es hier erwähne…
  Nun wird sie nur verachtet und gescholten.
Es heißt: Sie schleicht sich in die Nahrungskette,
setzt sich bei Tieren, Männern, Kindern, Weib
als Mikroplastikrückstand in den Leib
und findet sich – zum Beispiel – im Urin.
Da ist ja manche böse Krankheit drin.
  Hier liegt sie nun. Nur Füße weit und breit,
die treten nach der Flasche. Tut mir leid.
Ich trage sie davon. Sie wird auf Erden
im gelben Eimer endlich Wertstoff werden…

WARN-HINWEISE

Leben ist eine Reise
im Dschungel der Warnhinweise:
Die Zigarettenpackung droht
groß mit dem Tod.
Beipackzettel für Medikamente
prognostizieren Krankheit und Ende,
der Refrain ist mehr oder minder:
„Niemals in die Hände der Kinder!“
Putzmittel, welche etwas taugen
sind gefährlich für Lunge und Augen.
Ohne die Hinweise könnten wir klagen,
deshalb gibt es die Packungs-Beilagen,
wortreich, kleingedruckt, aber ehrlich,
in Europa-üblichen Sprachen.
Überall lauern Bakterien und Viren,
wir sollten niemals etwas berühren,
denn auch Berühren ist lebensgefährlich…
…ganz egal, was wir lassen und machen:
Plötzlich – ehe wir nur gestutzt –
haben wir uns schon weg geputzt.

GASTGEBER*in KREUZBERG

…soll heute etwas Besonderes sein,
ich lade Dich zu `nem Pullover ein:
Sehr weich, am Ausschnitt glitzernde Perlen.
So imponierst Du einigen Kerlen.
Von Allergenen keine Spur…
Zwei Euro nur!
Was zeterst Du und wirst immer säurer?
Dann eben Pizza – die ist zwar teurer

KÖNNTE JA SEIN

Jemand, der lange woanders war
liest eine Aufschrift: „COCKTAIL-BAR“ .
Bar-Geld hat er ja in der Tasche.
„Cock“ – heißt Hähnchen, das möchte er naschen,
also tritt er durch jene Tür.
Warme Schummer-Beleuchtung hier,
und er denkt mit geheimer Lust
an Hähnchen-Keule oder auch –Brust.
„Was soll es sein?“ die Bar-Keeper-Frage,
„Cock-Teil.“ „Welcher?“ „Also – ich sage:
Welcher Cock-Teil ist mir egal.
Ne Überraschung auf jeden Fall.“
...sieht dann überrascht auf das Glas:
„Hähnchen flüssig? Was ist denn das?“
...nimmt einen ersten Schluck und erkennt,
dass diese flüssige Hähnchen brennt...
PS. Wer die Zeilen liest, der versteht:
Solch ein Gedicht ist einfach zu blöd.
Ich gebe zu: Sie ist auch nicht wahr,
diese Geschichte zur Cocktail-Bar.
PS. PS. Andererseits vergessen wir ganz:
„Cocktail“ heißt eigentlich „Hahnenschwanz“.
Stellt sich die Frage: „Was ist denn das?
Was machen Hahnenschwänze im Glas?“

VER-BLEIB

U-Bahn-Wagen – mächtiges Gedränge.
Einiges bleibt im Gedächtnis hängen,
etwa- wenn die Menschen-Körper-Form
außerhalb der mir gewohnten Norm:
Riesenmänner, die mit ihren
Köpfen U-Bahn-Decken-Licht berühren,
andre Körper, mager wie ein Brett
oder Federbett-geschwollen-fett,
Haare, sperrig wie ein wüster Strauch,
mancher Schwangerschafts-gewölbter Bauch,
Neugebornes, eingerollt im Tuch,
endlich mal: Ein aufgeklapptes Buch...
bleibt für länger hinter meiner Stirne.
...während mir – inzwischen Langeweilt-
alles schnell entgleitet, was gestylt:
Tagesbart, bemalter Oberschenkel,
Taschen, Koffer mit und ohne Henkel,
Männer-Frauen-Kinder-Pferde-Schwänze,
modische Rasur-Frisuren-Grenze,
Hände, die – in hellen, dunklen Farben –
innigen Kontakt zu Flaschen haben,
Ohren-Stöpsel mit und ohne Kabel,
mancher mit Metall behängter Nabel,
Buntes hinter zart berührtem Glas,
faszinierter Blick auf irgendwas...
Ach! Ich bin dies alles so gewohnt,
dass sich das Behalten nicht mehr lohnt...
bleibt nur für Sekunden im Gehirne,
um zu Brei zerlaufen in der Birne.

MÄNNERKÖPFE

Damals: Strähnen auf Glatze nur.
Heute: Frisur.
Pferdeschwänze, sanft umspielter Kragen,
Knoten, auf dem Ober-Kopf getragen,
Locken, frisch gewachst und ondoliert,
bis zum Ohr ist alles abrasiert.
Dafür tragen Männer in Berlin
häufig Haar um Nase, Mund und Kinn.
Wie ein Fell umspielt es das Gesicht,
damit kann der Mensch sich täglich ändern.
Solche Chance haben Frauen nicht.
Ist dies eine Männer-Art, zu gendern?

VÄTERKREUZ-BERG

Doppelkopf, Elf-Monats-Bauch,
sorgenvolle Blicke auch,
sowie Lächeln,
zartes Wippen,
Zwinkern und geschürzte Lippen,
Frischluft fächeln,
Köpfchen streichen,
um das Kindlein zu erreichen…
Ob wohl alle sie verkraften,
diese Väter-Schwangerschaften,
die erst nach Geburt beginnen?
Lieber draußen als nur drinnen.
Endlos lang, die Nabelschnüre,
offen bleibt, wohin sie führen,
wen – wie viele sie verbänden,
ob sie überhaupt mal enden –
Morgen? Übermorgen? Später?
…wissen Mütter nicht, noch Väter.
Väter – früher mehr geschont –
sind die Lasten nicht gewohnt.
Dennoch ist in ihrem Blick
neben Sorge – häufig Glück

NACH-WEIHNACHTSMÄNNER

…das Weihnachtsfest vorbei – das ehrenwerte.
Die Weihnachtsmänner stutzen ihre Bärte,
verstau´n die Weihnachtsmänner-Garderobe
wohin auch immer: Unten oder oben,
recyceln – wenn es möglich – ihre Ruten.
Dies allerdings, das machen nur die Guten.
Die andern lassen einfach alles fallen,
es – wo sie gehen - auf den Boden knallen.
Sie murmeln höchstens, ungerührt und stur:
„Dies überlasse ich der Müllabfuhr."
und wenden sich sekundenschnell, im Nu
den alltagsüblichen Geschäften zu:
Die einen mühen sich, die Welt zu retten,
die nächsten möchten lieber sie verwetten,
die andern ihren Teil verteidigen
durch provozieren und beleidigen
mit Worten, dic sie reden, denken, twittern
bis hin zu tödlich-wüsten Kampf-Gewittern…
So gehen die Geschäfte übers Jahr.
Dann kommt das nächste Weihnachtsfest, na klar!
Die einen suchen ihr Kostüm im Keller,
die anderen dagegen sind viel schneller:
Nach einem Fingerdruck bei Amazon
bringt es der Lieferdienst ja morgen schon,
und nach der langen Feier „Hoch die Tassen!"
kann Mann dann alles wieder fallen lassen…

Über und unter Menschen

A. DRÜBER UND DRUNTER

VERSCHLUSS-SACHEN

Seit langem dirigiert uns einer –
ich nenn ihn mal: Verschluss-Designer,
denn der entwickelt kleine Kerben,
mit denen dann die Firmen werben:
„Dieses Produkt hat garantiert
noch keine Menschenhand berührt.
Sie, Kunde, sind der Allererste.
Damit die Plastik-Packung berste,
gibt es eine Zwei-Finger-Tür.
Öffnen Sie hier!“
Du ziehst, Du drückst, Du zerrst, Du reißt...
ach! Es ist wichtig, dass Du weißt:
Da ist was ganz genau durchdacht –
D u hast es aber falsch gemacht.
Gleich wird die Packung explodieren,
vor dem Verzehren schon erbrechen,
süß-bunte Kügelchen verlieren,
die blinkend-bunt ins Auge stechen.
Da rollt die Ware unterm Tisch –
auch, wenn Du was davon erwischst
sollst Du sie unbedingt vergessen –
Du darfst niemals vom Boden essen!

INFLATION

Ich höre es seit Jahren schon:
„Wir haben keine Inflation!“
...wenn das die Wirtschaftsmenschen sagen...
Ich habe trotzdem eine Frage:
Wenn ich so ab und zu im Jahre
in der Berliner U-Bahn fahre,
und immer wieder steigt wer ein:
„Könn´ Sie vielleicht so freundlich sein...“
In ausgestreckte dürre Hände
versenke ich nun eine Spende
von etwa 50 Cent vielleicht.
Was habe ich damit erreicht?
Enttäuscht – verächtliches Gesicht,
kein „Danke schön“, das jemand spricht.
Wie hätte zweitausendundacht
ein Fünfzig-Cent-Stück froh gemacht!
Ich grübele seit Wochen schon:
Was ist das – wenn nicht Inflation?

FRIEDENSPLAN

Wenn jemand immer wieder liest,
dass es „so gut wie möglich“ ist,
dann ahnt der Mensch vielleicht den Sinn:
„Mehr – liebe Leute – ist nicht drin!“
Wird´s für die Einen leicht gerechter,
wird es für Andre eher schlechter.
Schlechter – das will ja niemand haben,
dann lieber: Rauben wie die Raben,
wobei sie in der Fachwelt glauben,
dass Rabenvögel niemals rauben.
mit solchem Wissen wächst entschieden
so etwas wie ein Innen-Frieden,
und dieser morst uns nächt- und täglich:
„Wir leben ja so gut wie möglich!“

WÜRDE

Ich bin die Perle einer langen Kette
aus: „Vieles wäre besser, wenn ich hätte…"
aus: „…wenn wir alle…, was sich ändern
würde…"
„Hätte", „Wenn" und „Würde" – welche Bürde!
Die Kette windet sich um unsre Welt.
Wie schön ist es, dass diese Kette hält,
denn flächendeckend spannen sich die Glieder,
die „Hätte, Könnte, Wenn und Würde" heißen,
und sollten sie an einer Stelle reißen –
was macht das schon! Sie wachsen immer wieder,
verlaufen zickzack-gerade, niemals schief
und sind gesichert durch den Konjunktiv.
Der gilt nur für die Menschen, jetzt und hier,
denn „Hätte, Könnte, Würde" kennt kein Tier.
Das Tier zieht anders um die Erden-Trasse.
Die Menschen-Würde sagt jedoch: „Ich passe!"

AKTUELLE BILANZ

Nun frage du.
Im Fall des Falles
gebe ich zu:
Ich habe alles.
Wärme, Luft, elektrisches Licht,
einen Fernseh-Ansager, der spricht,
nicht zu vergessen:
Essen
und Trinken,
kann in die Badewanne sinken,
kann Gymnastik und Yoga machen,
wenn ich möchte, kann ich auch lachen…
Jetzt aber springt mich die Frage an:
Gibt es auch etwas, was ich nicht kann?
Gibt es. Das muss ich ehrlich sagen:
Ich kann nicht klagen,
was mich schon lange gewaltig stört –
weil ja niemand mein Klagen hört…

BESTiarium

Jedem die weißeste Weste!
Alle wollen das Beste.
Doch die Wirklichkeit fragt mit List,
was das Beste eigentlich
ist?
Und zudem:
Das Beste – wem?
für Dich,
für mich,
irgendwen auf der Welt,
(ob der das auch für das Beste hält?)
Doch dass jemand das Beste will,
ist unentbehrlich als inneres Ziel.
Eine Art Hunger. Um ihn zu stillen
gibt es im Drogerie-Markt Pillen.

VOM SEGEN DES LITERATUR

Hier dürfen wir uns gönnen,
was wir ansonsten nicht können,
was im Alltag hermetisch verpackt,
liegt nun offen sichtbar und nackt:
Lautes schamloses Lügen,
Rauben, Gewalt und Betrügen,
Trümmer, Asche, Tote und Blut
werden begreifbar und tun uns gut.

Wie wir es auch drehen und wenden:
Literatur will eben vollenden.
Hier kann sich das Andre entfalten,
muss sich an keinerlei Regeln halten.
Ohne zu jammern, sich auszusprechen,
darf sich das Gute aufs Grausamste rächen.

Damit die Seele sich endlich löse,
blüht in Erzähltem, Gedrucktem das Böse.

WIR - NUN WIEDER

„Wir“
hier:
Menschen-Zusammenschluss,
häufig ein „Muss“ –
kann jedoch Einiges nützen,
uns Menschen wärmen und stützen,
damit Vieles ersparen
an Ängsten, Nöten, Gefahren.
„Wir“ lässt uns durch Vergleichen
Manches erreichen,
und – uns gegenseitig halten…
„Wir“ kann sich auch plötzlich spalten.
Aus Vertrauten werden Fremde.
Zitternd stehe ich im Hemde,
ängstlich, frierend, ganz allein,
seh´ mich um: Das kann nicht sein!
Alle seid Ihr irgendwie
plötzlich: D i e ?

B. WIR –UNTER UNS

ZUM „JETZT“

Nicht wird so leicht verletzt,
wie jedes „Jetzt“.
Schon Sekunden haben
es überrollt, untergraben,
ausgewalzt und geplättet.
Niemals wird es gerettet,
höchstens digitalisiert,
als „Vergangen“ konserviert.
Da sind wir alle Opfer und Täter,
zwangsgeschaltete Zukunfts-Bezieher.
Das vergangene Jetzt wird zum „Früher“
und das jetzige „Jetzt“ war mal „Später“.

SOMMER AUF DER HAUT

U3 – bei dieser Witterung, der warmen,
entdeck´ ich allerhand auf Oberarmen:
´nen Löwenkopf, ´ne Katze, Fledermaus,
ein Totenkopf sieht aus ´nem Käfer raus.
An einem Schenkel – auch nicht zu erwarten –
ein wilder üppiger Gemüsegarten
und blauer Stacheldraht um Handgelenke,
auf einem Oberschenkel – eine Kuh…
Die Haut-Gemälde nennen sich „Tattoo“.
Ich hab´ gelesen, dass die Ärzte lernen,
sie teuer, schmerzlos wieder zu entfernen.
…und ich kann nicht verhindern, dass ich denke:
„Dies soll nun Mode sein? Ich find´s nur dumm!“
Ich trete aus der U-Bahn, steige um …
S1- auf dieser Bildungsbürger-Strecke
seh` ich nur Pickel, Warzen. Leberflecke.

MINDER und MEER

Dort ist ein Mensch mit einem Bein –
im Straßenbild – die Minderheit,
derweil die Menschen mit zwei Beinen
zur großen Mehrheit sich vereinen –
Die Minderheit,
die tut uns leid.
Mit scharfem Zahn
nagt das Gewissen.
Warum? Auch du wirst was vermissen.
Da treibt ein großes Menschen- Meer -
gefüllt und leer.

MITTELSCHICHT

Ich hätte diese Wohnung nicht,
wäre ich nicht
Mittelschicht.
Ich blicke aus dem fünften Stock
auf Kopftuch, bodenlangen Rock,
auf schwarze Locken, dunkle Haut,
nen Zopf-Mann, der aufs Smartfone schaut…
Da gehen zwei wie aufgezogen,
dort hat sich jemand umgebogen,
ist nach Sekunden wieder gerade.
Ich fand ihn krummer besser. Schade!
Kein Mensch dort unten – so wie ich.
Ich aber bleibe: Mittelschicht

VON KATASTROPHEN

Was wäre eine Erde ohne Kriege,
dem Kämpfen, dem Verlieren und dem Siegen,
dem Wechselspiel von Dunkelheit und Licht?
Hauptsache ist doch: Es betrifft uns nicht.
Nun ist ja Dunkelheit nicht zu vermeiden,
und viele Menschen mögen Nächte leiden,
denn Dauer-Licht wär auf die Dauer fade
und würde vielen Lebewesen schaden.
Für solche Wechselfälle sind wir offen,
doch was ist mit den Welten-Katastrophen?
Es hilft ja nichts, und Manche sehen´s ein:
Auch große Katastrophen müssen sein.
Sie haben, wie uns die Erfahrung lehrt,
einen gewissen Unterhaltungswert
und sind deshalb durchaus nicht zu verachten,
wenn wir sie aus der Ferne nur betrachten.
Zu Haus, am kuscheligen Sofa-Platz
sind Krimis oft ein brauchbarer Ersatz.

HELDEN
und
HEXEN

Weltgeschichte ist voller Helden.
Frauen hatten wenig zu melden.
Wenn sie etwas sahen, benannten,
pflegte „Mann“ sie „Hexe“ zu taufen…
…scheiterten auf dem Scheiterhaufen,
wo sie unter Schmerzen verbrannten.
Also: Das beruhigt mich sehr:
Hexen verbrennt „Mann“ heute nicht mehr,
doch es gibt auch in unseren Zeiten
viele Helden-Empfindlichkeiten.
Wahre Helden sind nie entmachtet.
Frauen werden gerne verachtet,
die nicht ins Helden-Schema passen,
unerwartete Witze machen,
über Vieles – auch Helden – lachen,
diese in Comic-Figuren verwandeln…
Solche Helden-Objekte zum Hassen
zwingen eben die Helden zum Handeln:
Durch ihr heldenhaftes Gebot
wären die Frauen so gut wie tot,
würden sie nicht durch ihr Weiterleben
und durch ihr Lachen Helden vergeben.

ALS

…bereichert unser Leben heute:
Ein kleiner Anteil Schadenfreude.
Das Klima kratzt uns schon im Hals,
doch das ist deutlich besser als
Vieles, was TV-Nachrichten
uns alle Abende berichten
von Armut, Untergang und Leichen.
Auch von den Mächtigen und Reichen,
die, stets von Geld und Gier getrieben,
vom Wachsen-Wollen aufgerieben
bis zu der Sucht nach frühem Ende -
gern auf dem eigenen Gelände –
wenn ihnen nicht vom Rest der Welt
was auf den reichen Schädel fällt.
Ich höre es und freu mich gleich:
Zum Glück bin ich nicht arm, nicht reich.
PS. Es sind wir Guten, die sich´s gönnen
und „Schadenfreude" „Mitleid" nennen,
damit ein kleines bisschen glänzen.
Jedoch: Auch dies hat seine Grenzen.
Was bleibt, ist irritiertes Lachen:
„Ja! Es ist schlimm. Was soll´n wir machen?
Ich wüsste nicht, was da zu tun…"
Natürlich möchte ich´s gerechter,
doch immerhin: M i r geht´s nicht schlechter,
damit hab´ ich genug zu tun…
W i e nenn´ ich das? W i e heißt das nun?

C. ÜBER MENSCHEN

„DU oder ICH“
oder:
„KARRIERE“

„Du oder ich“
hat Dich
lebenslänglich
begleitet.
Ohne dies Motto wäre
Deine Karriere
kaum zu erreichen.
Nur durch Vergleichen
reitet
jemand
in höhere Kreise,
streitet
um zahlreiche Preise.
Also: Dein „Du oder ich“
betrifft natürlich
auch mich.
Ich
aber bleibe gescheit,
plansche fröhlich im Neid,
murmele dabei vor mich hin:
„Tschuldigung, dass ich geboren bin…“
und verspreche, blubbernd verschwommen:
„…soll auch nicht wieder vorkommen…“

DAMALS IM PARK

Was soll ich sagen zu „Me too“?
Ich war ja nie so schön wie Du!
Ich fand mich hässlich, mit dem Ergebnis:
Belästigt zu werden war fast ein Erlebnis.

Schon vor Jahrzehnten, zu Kinderzeiten
auf meinen langen einsamen Wegen
hörte ich Schritte, die mich begleiten
und ich frage mich bang und verlegen:
„Da ist doch jemand hinter mir
und nicht woanders – was will der hier?
Ich bin doch eher hässlich als schön,
ist das im Dunkeln gar nicht zu sehn?“
Ich war noch nicht einmal aufgeklärt,
konnte den Grund der Angst nicht benennen,
habe mich zweimal heftig gewehrt.
Aus meinem Gehen wurde nun Rennen
und e i n Gedanke: „Stolpere nicht!“
Endlich: Das rettende Straßen-Licht!

Hab´ ich zuhause was davon gesagt,
hieß es gleich: „ W e r
will denn was von d e r?
Das hast du dir doch bloß ausgedacht!“

VOM SIEGEN

Reden wir mal vom Sieger,
der – mit Knowhow und Glück
lässt Verlierer zurück.
Der Macht- und Ehre-Krieger
kann sich voller Stolz zeigen.
(Will von den Kriegen schweigen.
Dort bedeutet Siegen eben,
unbedingt zu überleben.
Es gilt halt
nur Gewalt
gegen Gegner auf der Welt…)
Siegen heißt auch häufig: Geld.
Siegen macht oft große Lust,
Hochgefühle in der Brust.
Siegen braucht bei Menschen, Tieren
die Verlierer, die verlieren,
und die gibt es überall.
Wie die ticken, ist egal.
Wobei zu bedenken sei:
Wer verliert, ist eher frei.
Wenn ich immer nur gewinne,
komme ich in eine Rinne,
rechts und links wird null und nichtig…
M i r ist Siegen nicht so wichtig.
Allenfalls, dass ich erwisch
einen Sieg am Küchentisch.

NEBENdemFACH

Um mich herum: Experten
auf vielen verschiedenen Fährten,
die sie ganz unverdrossen gehen.
Weil sie was von den Fährten verstehen,
fühlen sie sich darauf sicher geleitet,
werden von andern Experten begleitet
durch ein unsichtbar sicheres Haus,
das sich über den Globus streckt,
über Asien, Australien reckt,
voller Bewohner. Ich bleibe raus.
Ich versteh´ nichts von Yoga und Sport,
Face book, insta gramm und so fort.
Von den vielen verschiedenen Szenen
kann ich nur ein paar Namen erwähnen,
kann nicht scypen, whatsappen und twittern,
sollte vor Minderwertigkeit zittern,
stehe und gucke so nebenbei,
lausche, staune, fühle mich frei,
Anderen das Versprechen zu geben:
„Macht, was Ihr wollt – ich stehe daneben."

DIE ÜBER MIR

Ich weiß: Du kannst mich nicht leiden,
willst dringend: Ich soll Dich beneiden
und breitest vor mir Deine Flügel aus:
Dein Auto, Dein Garten, Dein schönes Haus
und Deinen frisch geangelten Gatten.
In den Monaten vorher, da hatten
wir nur die Kinder, Lachen und Weinen –
zwei verlassene Frauen, alleine.
Nun aber bist Du oben, ich unten,
hast das jedenfalls so empfunden
und erwartest schon längere Zeit
innigen Neid.
Tut mir leid!
Den kannst Du nicht kriegen.
Während Stift und Gedanken fliegen,
wächst im Hinterkopf eine Idee,
für ein Angebot, das ich seh´,
und das werd´ ich Dir zukommen lassen:
Ich könnte Dich hassen…

VORurTEILE

Wir mahnen mittlerweile
zur Eile:
Sichern Sie sich Ihre Vor-ur-teile!
Ohne die Vor-ur-teile entgleiten
Ihnen ganz sicher die Sicherheiten
in Ihnen, -über, -unter und –rings.
Sie wissen nicht mehr, ob rechts oder links.
Das tut doch allen Menschen sehr not:
Vor-ur-teils-Sonder-Angebot:
Nicht so viel fragen,
einfach was sagen
und zur Belohnung die Augen schließen,
Vor-Urteils-Sicherheiten genießen.

VON GUTEN TATEN

Mensch kann nicht einfach auf die Schnelle
sich eine gute Tat bestellen.
Er kann nur schüchtern danach fragen,
doch sind die niemals einzuklagen.
Da bleibt nichts, als darauf zu warten.
So ist das mit den guten Taten.

BILDER UND BEINE

Merk´ Dir
das Eine:
Je müder
die Beine,
desto mehr
Bilder –
und die:
Immer wilder

Außer Menschen

A. VON UNS UND DEN PFLANZEN

WEISS

Draußen im Mai-Grün zeigt
sich eine einzelne Flocke,
fliegt ostwärts, westwärts und steigt,
lässt Richtung Süden sich locken,
bewegt sich einsam mit einer Lust,
als wäre sie sich ihres Wertes bewusst,
zumal auch der Winter in diesem Jahr
fast Flocken-frei war…

DIE UND WIR

Das ist Natur:
Jeder Baum – eine andre Frisur
und seine ganz spezielle Figur,
nur
durch Gene, Umwelt und Wind –
wie eben Bäume so sind…
Sie können gleichzeitig
leben und sterben,
zuverlässig die Gene vererben.
Stehend, liegend – sie bleiben gelassen.
Menschen können das gar nicht fassen,
möchten mit Hilfe gewaltiger Eichen
Bretter für Edel-Möbel erreichen…
Da fühlt die Eiche, knorrig und still:
„…ist seine Sache, was der da will.
Ich werde brechen und halte mich krumm.
Wenn er das merkt, dann dreht er sich um…“
So bleibt die uralte Eiche stur.
Das ist Natur…

ANSPRACHE AN DEN AST

„Komm´ runter!“ ruf´ ich zu dem Ast.
„Du bist doch nur noch eine Last!
Du baumelst sinnlos nebenbei,
bist trocken, beinah blätterfrei,
kannst in dem Zustand nicht mehr wachsen.
Nun lass´ schon los! Was soll´n die Faxen,
du überflüssiges Gewicht?
Die große Eiche braucht dich nicht.
Sie soll dich endlich runter schmeißen.
Gesunde Äste mitzureißen,
das hat doch wirklich keinen Sinn.
Nun lass schon los und wirf dich hin!“
Was knarrt
da grad?
...und jemand spricht:
„Ich lebe noch. Ich falle nicht!“
...und etwas flüstert aus dem Strauch:
„Du Alte lebst ja schließlich auch!“
„Na und? Nun splitter schon aus Stolz.
Wir brauchen dich als Feuerholz.
Wir wollen dich zu Scheiten sägen,
gescheitert in die Scheune legen,
und wenn dann wieder Winter ist
und alles spricht vom kleinen Christ,
dann ist es Zeit für dich und ihn,
und ihr dürft leuchten, wärmen, glühn...“

MEHR-GENERATIONEN-PROJEKT

Um mich: Viele winzige Eichen.
Manche, die zu den Fenstern reichen,
anderes – grad aus dem Boden gekrochen,
winziger Zitter-Blätter-Gnom,
Eichel-Baby vom Eichen-Dom,
üppig, gewaltig und angebrochen,
grün mit kahlen Ästen, verwittert,
neu sich verzweigend und wieder zersplittert,
oben, unten von Stürmen gespalten.
Wer kann mir sagen, wie alt diese Alten,
und ob Einige von den Bäumen
heimlich von tausend Jahren träumen?
Jedenfalls trifft hier das Zauberwort:
Ein Mehr-Generationen-Ort.
Oben: Der Himmel, die Wolken, das All,
etwas tiefer: Wachstum, Verfall,
unten die Kleinen
auf schwankenden Beinen
grad überwunden den sandigen Grund.
Flattrige Blätter, stark und gesund,
wenn sie sich gerade entfaltet - rot,
andere angefressen und tot...
Alle die kleinen Bäume regen
sich lebendig der Zukunft entgegen:
„Werden wir halt
ein Eichenwald…“

VOM ZWEIG

Dies verzweigte Zweiglein hier
scheint getrieben von der Gier
auf den nächsten freien Platz.
Doch-da sind ja all die andern,
angestammt an Baum und Strauch
mit dem gleichen Bodensatz,
die die Wuchs-Gier unterwandern.
Wachsen wollen die ja auch.
Alle sind Geschwisterkinder,
die sich gegenseitig hindern,
um sich trotzdem anzutreiben.
Motto: „Eher ich als die.
Sollen die doch hinten bleiben.
Ich erwarte Empathie,
Rücksicht, oder einfach Feig-
heit." so fühlt es jeder Zweig,
und er freut sich, nicht allein
an dem Baum, dem Busch zu sein.
Still versteckt, verzweigt er sich…
Ähnlich, wie zum Beispiel: Ich,
zweigt er sich durch Lebensbahnen,
ohne was davon zu ahnen,
wann sein Weg beendet wäre
durch die große Heckenschere…

AM BAUM

Spreizt
sich ein Kreuz
am Fuße der Eiche.
Das
sagt uns was?
„Hier gab´s eine Leiche.
Wär an der Kurve nur Gras gewesen,
hätten
die Retter
ihn aufgelesen.
So ist der Fahrer zu Tode gekracht…“
Die Eiche hat Macht.

B. VON UNSEREN HUNDEN

ZUM BEISPIEL:

Im Grunde
sind Hunde -
das weiß ich heute –
nicht anders als andere Leute:
Sie halten das eigene Grundstück rein,
wie es ihre Menschen erwarten,
dann dringen sie beim Nachbarn ein
und scheißen bei ihm in den Garten…

HUNDE-REINHEIT

Neun Uhr fünf – sie ziehen im Park ihre Runden:
Immer die gleichen Menschen mit ihren Hunden.
Wenn sie ihre Lieblings-Kaniden berühren,
könnten Milben, Keime, Bakterien und Viren
von den Tieren zu ihren Menschen wandern,
so infizieren sich die einen am andern…
Da empfiehlt sich für jeden, der „Gassi geht",
nun das Hunde-Wurf-Objekt-Schleuder-Gerät.
Du musst nur einen Arm in die Höhe kriegen,
und schon bringst Du eine Kugel zum fliegen,
die wird den Köter über die Maßen erregen,
er rennt los. Du brauchst Dich nicht zu bewegen.
Legt er dann den Ball vor Dir auf den Rasen,
spart Dir das Gerät, diesen anzufassen.
Hunde wünschen sich Leckerli, zartes Berühren,
denn sie wollen Deine Zuneigung spüren.
Wo bleibt die Hygiene? Immer die Ruhe!
Schließlich gibt es Einmal-Plastik-Handschuhe!
…bleibt nur eine wichtige Frage zum Schluss:
Was – wenn unser Tier zwischendurch einmal
muss?
Gelassen lassen Manche so Manches liegen,
dass Hunde-Feinde die Krise dann kriegen.

VOM GENDERN

Nun wieder Gender-Fragen:
Was ist dazu zu sagen,
dass „Rudi“-Hund, auch wenn es niemand glaubt,
Joachim – Dir – das Fegen nicht erlaubt?
Er knurrt, er rennt, verbeißt sich in den Besen,
als wäre der ein angeschoss´nes Wesen,
zu fangen und mit aller Kraft zu rütteln,
um es für alle Zeiten tot zu schütteln.
Der Kampf beginnt, sehr wütend und erregt,
sobald der Mann den Küchenboden fegt…
doch sollte i c h den Besen mal ergreifen,
wird „Rudi“, wenn er könnte, darauf pfeifen,
liegt auf dem Bauch in ganz entspannter Ruh,
macht seine braunen Augen auf und zu…
Ein männliches Verhalten, ungelogen.
Ich frage mich: Wer hat ihn so erzogen?

BEFEHLS-EMPFEHLUNG

Ich möchte heute was empfehlen –
Befehlen ist nicht meine Art.
Für sowas sind die Menschen-Seelen
doch in der Regel viel zu zart.
Ich kann Befehle gar nicht leiden,
sie haben immer mich gestört,
und zudem ist nicht zu vermeiden,
dass niemand ist, das auf mich hört.
Ich will es keinesfalls verhehlen:
Auf mich hört nicht einmal mein Hund.
Ich untersage ihm das Stehlen –
Sein Hundeblick sagt mir: „Na und?"
Genau wie Nachbars Kater „Mohrchen"
denkt er nicht dran, mir zu gehorchen.
Ich sage: „Sitz!" Der Köter steht.
Da fehlt mir die Autorität...
Es gibt auch Menschen, die es quält,
wenn ihnen das Gehorchen fehlt.
Für die empfehle ich den Chor.
Befehle gibt hier der Kantor,
und achtzig Menschen, eifrig, still
erwarten, was der Eine will,
geleitet nur von schwarzen Zeichen
auf Zetteln, mit nichts zu vergleichen.
Zwei Hände auf und nieder gehen,
befehlen: „ Aufrecht sitzen, stehen!"
Sie machen deutlich: „Atmet ein!
Nun dürft ihr stöhnen, singen, schreien,
doch allesamt zur gleichen Zeit.
Hauptsache: Immerfort bereit."
Dies ist der Chor-Befehle-Mix.
Gehorchen wird so schön wie nix.

C. VON TIEREN, DIE UNS UMGEBEN

IM FLUGE

Drei Schwäne – gleiches Flügelschlagen.
Sie lassen sich nach oben tragen
zum Himmel, weit und hell.
Ihr Flug, beschwingt und schnell
Gleitet vorbei am Fenster, hoch hinaus…
Nun überfliegen sie das große Haus,
ich sitze drin.
Wo wolln die Schwäne hin?
Womöglich: Einfach fliegen
um Freude, Spaß zu kriegen,
wie mancher Raser auf der Autobahn.
Der ärgert sich, dass er nicht höher kann,
so rast er immer schneller, wild und einsam…
Die Schwäne machen ihren Flug gemeinsam…

WOZU?

(Umgebungs-Gedicht 1 – Dorf
Juni 2019)

Vor mir die Düne
voll Kiefern und Eichen.
Einige sollten
Orkanen entweichen.
Spitzen und Äste
sind dabei gebrochen, verdorrt –
sterbende Reste
an diesem lebendigen Ort.
   Sand-Geriesel,
von Nadeln und Blättern bedeckt,
braunes Gewiesel,
von Sonnenflecken bedeckt.
   Eine heftige Böe
lässt die Baumwipfel stöhnen,
während nun in der Nähe
Ernte-Fahrzeuge dröhnen.
   Dringend rufende Tauben –
etwas wollen sie wohl.
Ob die Krähen das glauben,
Amsel, Spatz und Pirol?
   Überall sehnt sich das Leben
nach flüssigem Wolken-Grau,
wir aber sind umgeben
von gleißendem Himmelblau.
   In der Beinahe-Stille
wüstes Maschinen-Gebrülle.
Kampf-Flugzeuge kreisen,
um irgendwas zu beweisen.

VOM WACHSEN

Die Biene macht Wachs –
ist für sie ein Klacks,
und kommt sie damit nicht zu Potte,
liegt es vielleicht an einer Motte,
die braucht das Wachs für ihren Samen.
„Wachs-Motte" ist deshalb ihr Name.
Fressen – ihr Hobby, und Fortpflanzungs-Faxen.
Auch als Erwachsene pflegt sie zu wachsen.
Weil sie die Arbeit der Bienen dämpft,
wird sie vom Imker heftig bekämpft.
Wie es schon Albert Einstein gehaucht:
Bienen und Wachs werden dringend gebraucht.
Manchem Sportler kleben die Haxen
fest auf dem Schnee – kann er Skier nicht wachsen.
Wachstum – in vieler Menschen Munde –
ist ja auch sonst das Gebot der Stunde,
nur die Wachs-Kerze wird immer kleiner.
Warum nun die? Erklär mir mal einer!

TAUBEN

Die Einzel-Taube ist sehr schön,
ich mag sie immer gerne sehn.
Graugrau, zartlila, Silberglanz,
so formvollendet bis zum Schwanz,
so eindringlich, ihr sanftes Gurren,
Gemisch aus Melodie und Murren…
Sie fliegt und ist auch gut zu Fuß,
und dass sie ab und zu mal muss,
(heißt heutzutage: „Sich zu lösen")
nun – das passiert ja jedem Wesen.
Nur ist – wie kann es anders sein –
so eine Taube nie allein.
Es muss ja auch dazu gehören,
sich immer wieder zu vermehren.
Sie tut es viel mehr als sie soll.
So wird die eine schnell zu Tauben-Massen,
die kacken Wege und Balkone voll.
Ich kann mich nicht entschließen, sie zu hassen.

SCHREIB-ASSISTENZ

Wer hat denn schon ein Manuskript,
auf welchem eine Spinne wippt?
Acht golden-winzige Beine,
im Zentrum der Körper, der kleine.
Bevor ich die Spinne be-greife
mit meinen Fingern, den steifen,
ist sie schon wieder verschwunden.
Wohin bloß! Nach oben? Nach unten?
Sie will wohl unbedingt bleiben.
Die Spinne bereichert mein Schreiben,
indem sie die Texte golden verschönt.
Ich habe mich längst an sie gewöhnt,
warte auch heute voller Vertrauen,
bin sicher, ich kann auf sie bauen…
sitze und warte den ganzen Morgen.
Wo ist sie? Ich mache mir Sorgen…

EINWÄRTS ESSEN FLIEGEN

Ich kann sie alle deutlich sehn:
Spatzen und Meisen, die Essen gehen,
oder genauer: Essen fliegen
über die Erderwärmungs-Natur.
Futter gibt es dort allemal.
Doch unser Vogel-Futter-Lokal –
da sind Meisen und Spatzen ganz stur –
das – ohne Frage – bevorzugen sie.
Von der Vogel-Friss-Industrie
äußerst hygienisch zubereitet,
dann als Angebot ausgebreitet,
bei Hunde-Katzen-Futter geparkt
in einem jeglichen Supermarkt.
Etwa: Die prallen Meisen-Knödel,
nahrhafte Bälle im Plastiknetz, nett,
Körnergemisch in pflanzlichem Fett,
woran Spatzen und Rotkehlchen rödeln,
gierig pickend, schwankend und schnell
kreisend wie auf einem Karussell.
Keine Bange! Heute und morgen
werden wir für die Vögel schon sorgen.
Sie dürfen Nahrungssuche verlernen,
brauchen sich nicht mehr weiter entfernen
und müssen trotzdem nicht hungrig sein:
Sie kehren einfach bei uns ein.
Was sie bezahlen fürs „Essen gehn"?
Ich darf sie vom Fenster aus sehn.

AUF DEM ZAUN

Libelle – voll Vertraun
auf dem Elektro-Zaun,
die gläsern-zarten Flügel gefaltet.
Was glaubt sie, wo sie ist?
Solange sicher, bis
der Pferdebauer den Strom anschaltet.
Dann wird der Zaun zum elektrischen Stuhl.
Gelassen sitzt die Libelle und cool,
genießt die Wärme des Sonnenlichts,
glaubt und ahnt und befürchtet nichts.

SCHWÄRMEN

Wer gibt die Richtung an
der Vogel-Schwärme?
Ist es die Therme?
Ober-Vogel-Mann?
Vor meinem Fenster: Möwen, Stare, Tauben
in dichten Schwebe-Wolken - nicht zu glauben –
die steigen, fallen, wirbeln, drehen, schwenken
wie e i n Geschöpf – da muss doch jemand
lenken?
...und sollte solche Wolke sich mal spalten,
dann wird die kleinere bald innehalten
und schließt sich nach Sekunden irgendwann
der großgebliebenen Ursprungs-Wolke an,
...und niemals pflegen Wolken sich zu mischen.
Bei Möwen-Wolken fliegt kein Star dazwischen.
Wär doch mal nett – ein Mix aus Vogel-Arten,
doch darauf muss ich wohl noch lange warten.
Wie ist das nun bei Jude, Muslim, Christ?
Ich hoff´, dass es bei Menschen anders ist.

D. WIR UND DIE NATUR ALLGEMEIN

WIND

Allgemeine Landschafts-Erregung.
Viel - sonst reglos – kommt in Bewegung:
Äste, Zweige, Blätter und Halme,
Blüten, Blumen, die Yucca-Palme,
und das gestern geerntete Holz
ist zum Poltern sich nicht zu stolz.
Einzig unser Auto steht still,
weil es eben nicht anspringen will.
Mit dem Wind will die Erde uns zeigen:
„Alles soll sich vor mir verneigen!“
Wenige gehorchen ihr nicht,
dazu gehören: Drei Steine und ich.

SPAR-GESCHENK

So hat es in den letzten Wochen
der Radio-Wetterdienst versprochen
als Sensation für unser Land:
Plus vierzig Grad. Sahara-Sand,
vom Wind getragen, Wolken-dicht
verdunkelt dann das Sonnenlicht.
Das gab´s noch nie, und sowas wäre
Besuch von fremder Atmosphäre,
und viele Menschen können sparen.
In diesem Urlaub wegzufahren,
verbietet sich für alle Kluge.
Stornieren wir den Flug im Fluge.

DIE ANDERN

Was Menschen wohl bedenken sollen:
Nicht-Menschen machen, was sie wollen.
Ob wir den andern Regeln geben
ist ganz egal. Sie wollen leben,
einander mit Genuss verzehren,
dazu sich ungestört vermehren...
Sie wollen – sind sie noch so klein –
in ihrer Art das Größte sein.
Dies gilt für Löwe, Hering, Wanzen
und auch für jede Art von Pflanzen.
Sie wachsen, ohne uns zu fragen.
Ich sehe eine Birke ragen
hinauf zum Dach. Durchs Zimmerfenster
schickt sie uns schattige Gespenster...

Wir Menschen sollten reagieren.
Im Einzelfall hilft das Dressieren,
ansonsten lässt sich nicht vermeiden,
so viel wie möglich zu zerschneiden.

RAUS und REIN

Das hat schon viele Menschen gestört:
Etwas, was „hier nicht hingehört."
Hinterlassene Picknick-Reste,
als im Park vergessener Müll -
leuchtend, flattrig, klebrig und still.
Oder: Unsichtbare Mikroben
in uns, um uns. Unten und oben
ungebetener Pflanzen-Wuchs.
Zwischen Rasse-Hühnern: Ein Fuchs.
Größeres, kleineres Wusel-Getier –
huschend und fliegend – was will es hier?
Dann wieder: Un,-eingeladene Gäste,
immer mal eine ganze Meute
plötzlich zugelaufener Leute,
dic auf wohlgestalteten Plätzen
immer größere Flächen besetzen…
Nein!
Es kann gar nicht anders sein:
Nur, wer immerzu rauswirft, hat´s rein

JANUAR 2020

Blick aus dem Fenster. Was ist das?
An jedem Zweiglein glitzert Glas,
auch an den Hälmchen überall
sind kleine Perlen – wie Kristall
so rund geschliffen, leuchtend klar.
Ein Anblick, frisch und wunderbar!
Ich wage nicht, mich zu bewegen.
Da zwinkert eines mir ja zu:
„Ich bin ein Auge. Was bist Du?“
Ich aber weiß: Es sind nur Tropfen
vom heftigen Frühmorgenregen
und spüre in mir starkes Klopfen,
das implodiert zu stummem Schreien:
„Ihr solltet lieber Flocken sein!“
Zartes Zittern. Ganz ohne Knallen
sind nun alle
heruntergefallen

GESPRÄCHS-ANLÄSSE

Es steht in keines Menschen Macht,
ob´s regnet, ob die Sonne lacht,
ob Stürme rütteln, Windchen haucht,
die Welt in Nebeldunst getaucht,
ob es doch endlich, weit und breit
mit dicken weißen Flocken schneit
und wir befürchten müssen zu erfrieren,
ob wir die gnadenlose Hitze spüren.
Da bleibt es Dir und mir und anderen Leuten,
nach Kräften jedes Phänomen zu deuten…
…ist immerhin Gelegenheit, zu reden,
denn Wetter – das betrifft ja schließlich Jeden.
Ob dick, ob arm, ob einsam, ob verliebt,
ob dumm, ob reich: Gut, dass es Wetter gibt!

KEIME

Leben
ist seit Millionen Jahren
immer umgeben
von großen Gefahren,
etwa: Dass Ritzen, Flächen und Ecken
voller Mikroben und Keime stecken,
die mittels Atmen oder Berühren
infizieren und kontaminieren.
So ein Keim, der will sich entfalten,
wachsen, gedeihen, die Stellung halten.
Bringt er dabei viele andre zu Fall,
ist es ihm allemal
ganz egal.
Nehmen wir etwa da drüben die Wiese:
Alle die Halme, Gräser und diese
Kräuter, Nesseln, Stängel und Blüten,
die mit – und gegeneinander wüten,
jeder kommt aus einem winzigen Keim…
Auch Dein Magen, die Lunge, der Schleim
ist bereits üppig von Keimen durchdrungen.
Du wirst womöglich von ihnen verschlungen,
wenn Du nicht heute, hier und jetzt
ihnen ein deutliches Ende setzt.
Wie? Gestatte, dass ich´s erwähne:
Durch die geballte Kraft der Hygiene.

VON DER GIER

Zwischen Dornen das schwarze Leuchten,
winzige Kugeln, pralldunkelgut,
Hände, die zerstochenen feuchten
sind schon rot und klebrig wie Blut:
Brombeeren pflücken
am Wegesrand.
Tief, tiefer bücken,
dort hängt allerhand.
Schwankende Neigung nach vorne,
und schon warnt es in mir:
„Gleich fällst Du in die Dornen!"
„Ganz egal!" sagt die Gier.
Ohne Gier wäre alles schlecht.
Jedes Wesen hat darauf ein Recht:
Fress-Gier, Sex-Gier, Gier, was zu sammeln,
Gier – nur so vor sich hinzugammeln,
Gier – was stundenlang zu begaffen,
und daraus dann Neues zu schaffen,
Gier, sich überlegen zu fühlen,
unbedingt zu gewinnen beim Spielen …
Ach! Da wäre noch viel zu nennen!
Jedem ist seine Gier zu gönnen.
Ohne Gier wäre ungelogen
alles Leben unausgewogen,
nur – die Grundbedingung wär´ halt:
Menschengier - ohne Geld und Gewalt.

WELTEN-PERSPEKTIVE

…und sollte noch so viel vergehn:
Die Erde wird sich weiter drehn,
mit Sicherheit: Um Vieles wärmer,
vielleicht an Unterschieden ärmer,
denn Einiges wird ja verderben
und – wie wir alle – einfach sterben.
Viel Menschen-Werk zerfällt in Trümmern,
kaum jemand wird sich darum kümmern,
doch sehr viel anderes entsteht,
derweil die Welt sich weiter dreht.
Es wird vielleicht noch Menschen geben,
die anders als wir alle leben,
weil sie ja überleben müssen.
Doch wie? Wer kann das jetzt schon wissen!
Nur eines weiß ich, das ist schön:
Die Erde wird nicht untergehn.
Seit ihrem Anfang, auf jeden Fall
dreht sie sich mit der Korona im All.

Im Menschen

KRÄNKUNGEN

Das merkst Du schon als kleines Kind,
dass Kränkungen wie Löcher sind.
Du fällst hinein und kannst versinken,
darin vermodern bis zum Stinken.
Zum Überleben, sich Gewöhnen
hilft manchmal Jammern, lautes Stöhnen,
mitunter auch: Um Hilfe rufen.
Noch besser: Sich im Loch verstecken,
dort alles Mögliche entdecken,
zum Beispiel: Sprossen oder Stufen,
dann langsam diesem Loch entsteigen,
sich hin und wieder Menschen zeigen.
Nun gehe Deinen Weg. Jedoch:
Da lauert schon das nächste Loch…
Doch bist Du oft genug entstiegen,
dann wird dies Deine Art, zu siegen,
grad, weil Du mal so tief gesessen…
Doch hüte Dich vor dem Vergessen,
behalte es auf jeden Fall.
Die andern seien Dir egal.

SPÄTE FRAGE

Ich war mir dessen nicht bewusst:
Ich hatte einfach große Lust,
mal wieder einen Witz zu machen,
erwartete ein großes Lachen…
…doch Heiterkeit? Von wegen! Nicht –
nur manch betroffenes Gesicht
von tief verletzt bis schwer beleidigt.
Ich hätte gerne mich verteidigt:
„Das sollte doch nur witzig sein!“
Doch mein Gewissen warnte: „Nein!
Mit sowas überzeugst du nie!
Bleib sitzen. Gucke so wie die.
Womöglich ist nach zwei drei Stunden
der tiefe Abgrund überwunden.“
Doch die Gesichter blieben leer…
Das ist nun ein paar Jahre her,
derweil mein Unbewusstsein nagt:
„ Was hab ich damals bloß gesagt?“

FÜR GEGEN

Es quillt aus meiner Feder,
wird als Erkenntnis schal,
denn schließlich weiß es Jeder:
Schuld ist das Kapital!
Wenn alle Züge stoppen,
wo, wann und was wir shoppen,
was klein wird und was größer,
was gieriger und böser…
Bereits Karl Marx hat viel gedacht
an diese unsichtbare Macht,
von der wir alle nun besessen…
Wir sollten jedoch nicht vergessen:
Milliardenfach auf Weltenwegen
bewegt sich Winziges dagegen…

WÜNSCHE

…kann ich Dir zur Beruhigung sagen:
Was Du Dir wünschst, würde ich niemals wagen.
Ich hab´ zwei Beine und bin viel zu feige,
um auf das Dach unseres Hauses zu steigen…
Andere Wünsche? Da müsste ich lügen,
kann ja auch so alles Mögliche kriegen.
Mich be-hindert in meinem Kopf
ein dicker Wünsche-Abwehr-Pfropf.
…säße am liebsten Wochenlang still,
Das ist, was ich will…

EIN FALL

Vorm „Hähnchen-Haus“
ward es verschwommen,
und ich glitt aus,
weiß nicht, warum,
fiel einfach um
und bin dem Pflaster nahegekommen,
rettete bei der plötzlichen Sackung
erhobenen Armes die H-Milch-Packung
und anderes aus dem Edeka- Laden.
Prüfendes Tasten, gibt es `nen Schaden?
Eine jüngere Frau
wendet sich in meine Richtung: „Au!
Ob ich irgendwas helfen kann?“
Blöde Ziege! Was geht die das an?
...und ich antworte voller Wut:
„ALLES GUT!“
Heftiger Schmerz. Ein Finger gebrochen?
Das aber bleibe unausgesprochen.

MEIN PROJEKT

Gestern noch: Voller Leere,
ganzkörperdrückende Schwere...
Heut hat das Leben wieder nen Sinn:
Ich bin Allergikerin!
Mich beschäftigt ein dringendes „Muss:"
„MEIDE DIE NUSS!"
Muss mich dafür interessieren,
muss Verpackungs-Texte studieren,
suche den Zusatz in warnendem Ton:
„...kann Spuren von..."
Habe ein Thema für ihn und sie:
„Was ist mit Ihrer Allergie?"
und wir können und fröhlich ereifern,
nach Herzenslüsten zusammen geifern...
Welche Allergie es auch sei –
sie macht nun Einiges neu,
als wäre was in mir aufgeweckt:
Ich hab´ ein Projekt.

TASCHEN-PROTOKOLLE

Er kann mich täglich überraschen:
Der Griff in eine meiner Taschen.
Da klimpert etwas Münzen-Geld -
bald ausgestorben auf der Welt.
Ein Zettelchen befiehlt mir Alten
doch – was auch immer – zu behalten.
Der schwarze, weiß verzweigte Stein,
der könnte aus Italien sein,
dagegen dieser helle Sand
ist wohl von einem Badestrand,
und eine Mini-Taschenlampe
fragt nach, wann ich denn wieder campe…
Gegen Verwundung – hier ein Pflaster
und noch ein Zettelchen? Oh nein!
Das ist ja ein Zehn-Euro-Schein!
Wer sagt es denn? Ich habe Zaster!
Dann finde ich noch einen Knopf.
„Wohin gehört der?" fragt mein Kopf.
Schon höre ich ihn lautlos schreien:
„Du brauchst mich! Steck´ mich wieder ein!"
Ich werfe sowieso nichts weg!
Für andre ist dies bloßer Dreck
und Dreck geht niemand etwas an.
Wieso ich es nicht lassen kann,
hier davon zu berichten,
es auch noch zu bedichten?
In Taschen, tja, Ihr glaubt es kaum,
vereinigt sich mir Zeit und Raum

ERZÄHLEN

Das ödet mich am allermeisten an:
Dass ich nie wieder was erzählen kann.
Fast jeder sagt in arrogantem Ton:
„Was du zu sagen hast, das weiß ich schon!"
`Ne andere bestätigt mir: „Genau!
Das kenn´ ich aus der Serie im TV,
oder – ich bin nicht sicher – hilf´ mir jetzt:
War es `ne Seite aus dem Internet?"
...und bin ich überzeugt: „Das ist doch neu!"
Dann höre ich: „Was ist denn schon dabei,
hängt mir zum Halse raus..." Wozu erzählen
und andere mit Langeweile quälen?
Will ich ein Hörer/innen-Ohr erreichen,
braucht das Erzählte mindestens drei Leichen.

REIMPUTZ

Ich sitze. Warte auf eine Idee.
Innere Leere – bis ich seh´:
Da hat ein Vogel ans Fenster geschissen,
hätte ich längst schon wegmachen müssen,
und – vor der gleichen Scheibe - nur innen
schaukelt zart ein Gewebe von Spinnen…
Ich verlasse Stift und Papier,
fang´ an zu putzen, draußen und hier.
Einiges sehnt sich nach `nem Entstauber,
und meine Hände machen nun sauber
ganz von alleine. Wusstest Du schon?
Putzen ist auch eine Meditation…
…auf meinem Zettel – ich glaube es nicht –
steht plötzlich eine Art von Gedicht.

VOM WÖRTER-KONTO

Es liegt was in der Luft,
was mich zur Ordnung ruft:
Erinnerungen, Lieder, Worte
sind allzu oft am falschen Orte
bei einer feindlichen Gemeinde,
und sie brüskieren meine Freunde.
Ich sollte, um sie zu bewahren,
doch besser meine Worte sparen,
vielleicht – so frage ich mich auch –
weil ich sie etwa später brauch`?
Ich habe nun um meine Zunge
´nen unsichtbaren Sack geschlungen,
der hindert, Worte zu verlieren,
und mir kann weiter nichts passieren,
jedoch kann niemand dafür bürgen
dass mich die Worte nicht erwürgen.
Ich schluck´ sie runter mit Gewalt.
…für Taten bin ich eh zu alt…

KURZZEIT-GEDÄCHTNIS

Morgens am Fenster gesessen:
Was hab´ ich gestern gegessen?
Wo ist das kleine Gedicht geblieben,
das ich nach dem Frühstück geschrieben?
Wo ist die neue Batterie?
Was will ich heute machen – und wie?
Fragen, Fragen und weitere Fragen,
ich kann mir keine Antworten sagen.
Stehen nicht welche im Kritzel-Buch?
Zettel-Notizen gibt es genug,
dort sind die Antworten irgendwo.
Mit jeder Antwort auch ein „Ach so!"
- selbstverständlich, zufrieden und still…
Aber das ist nicht, was ich will!
Wünsche mir das „Ach so!" im Kopf.
Leider ist der ein leerer Topf,
mit nur drei Wörtern: „Wer?" „Was?" und „Wo?"
Nun aber schimmert plötzlich: „Ach so!"

VOM „EBEN“

Voll Fallen ist das Leben,
ich nenne nur: „Mal eben…“
Im Kopf – ne winzige Idee
ist wieder weg – wie Sommerschnee.
Ein Fleckchen bleibt, noch etwas nass,
und Du bleibst stehn: „Da war doch was?
Weißleuchtend, glühend wie ein Funken
und schon im Irgendwo versunken,
gelöschte heiße kalte Glut.
Ein Jammer, denn es war so gut…“
ist Dir im Kopf und Du stehst starr,
Du wartest auf das, was mal war.
Beweg´ Dich nicht! Mit etwas Glück
kommt das „Mal eben“ doch zurück.

VOM SITZEN

Was sollen die Gedichte, altes Kind?
Du rüttelst Stühle, die schon wacklig sind.
Wenn dann noch alte Ärsche darauf sitzen,
dann brechen sie – und das willst Du bezwecken?
Es soll ja längst ein neues Sitzen geben:
Das Setzen, Sitzen, wieder sich Erheben,
das elegante von den Sitzen Gleiten
um – wie es nun verlangt wird – fort zu schreiten –
dies alles ist schon digitalisiert,
wie Stehen, Gehen, Laufen programmiert…
…und so ein alter wackeliger Stuhl,
der ist für junge Menschen nicht mehr cool –
es sei denn, als ein Museums-Objekt,
und du wirst gleich mit dazu gesteckt.
Kurzum: Dein albernes Gedichte-Schreiben
ist nur für Leute, die noch sitzen bleiben.

WIEDERGEBURT

Im nächsten Leben werd´ ich ein Mann.
Wie bei einer buddhistischen Nonne
wär´s meine Wiedergeborenen-Krone.
Und dann
werde ich´s demonstrieren,
und mich wie Männer aufführen,
denn die können so Vieles besser:
So – den Umgang mit einem Messer
und auf Straßen, Wegen, in Winkeln
fröhlich unbefangen zu pinkeln,
ständig irgendwas zu erfinden,
um das Heute zu überwinden…
Sinnlos? Gefährlich? Das ist egal.
Neu sein muss es jedoch allemal.
Neu erfundene Neuigkeiten
Helfen, fortschrittlich fort zu schreiten.
Alles wäre hier angebracht,
bis es mal kracht.
Mann
kann
etwa, um zu begrüßen
auf verschiedenste Weise schießen.
Treffen wäre
hier eine Ehre…
Ich – als der kenntnisreichste der Kenner
überträfe die anderen Männer,
und ich wüsste natürlich: „Ja!
Um mich herum sind auch Frauen da!"
…fragte dann aber verblüfft: „Nanu –
was soll denn dieses `Me too´?"

AUSSENWIRKUNG

Eine Idee, ein Zeichen, ein Wort –
teile es mit und höre sofort
in einem eher verächtlichem Ton:
„Gibt es doch schon!“
Nun wird im Internet gesucht
und die Idee als „vorhanden“ gebucht…
…oder es sagt mir wer ins Gesicht:
„Ist das von Dir? Dann will ich das nicht!“
Tja, was soll ich nun eigentlich machen?
Über irgendwas muss ich doch lachen!

WEIH-VER-WEIS

…dass Du es endlich lernst:
Nimm Weihnachten ernst!
Zeigst Du nur auf das Schreien und Werben,
wirst Du Vielen die Stimmung verderben,
die noch nicht einmal Parkplätze finden,
um sich durch Straßen und Läden zu quälen
mit ihren ratlos suchenden Seelen…
Kannst Du nicht mal etwas Bessres verkünden –
etwa: In der Dunkelheit –Licht…?
Deine Witze wollen sie nicht,
weil sie ihnen die Hoffnung rauben
und das letzte Fitzelchen Glauben.
Also: Zwischen Plastik und Pappe –
halte bloß Deine Weihnachts-Klappe!

VOM BEFASSEN

So lange ich lebe, Jahr für Jahr
bleibt mir der Globus unfassbar.
Ich kann es aber niemals lassen,
mich mit der Kugel zu befassen,
sie zu ertasten, zu begreifen.
Wer gibt uns all die Sprays und Seifen
zum Waschen, zum Desinfizieren,
wenn auch der kleinste Erdengast,
solang er lebt, die Welt be-fasst,
um sie mit Pfoten, Klauen, Händen
und den entsprechend vielen Keimen
zu infizieren, zu be-schleimen?
Das muss doch einfach böse enden!
Es geht mir nicht mehr aus dem Sinn:
Bald rafft uns alle etwas hin.
Wird es am Ende enden, dass
die Erde rollt als leeres Fass?